영어구구단 +파닉스

3인칭

★ **시작하기 전에**

내가 좋아한다는 I like(아일 라익ㅋ)이고
그가 좋아한다는 He likes(히 라익ㅆ)임을
알려주고 하루~일주일 동안 수시로 반복해서
물어보세요.

예시)
'내가 좋아한다'가 I like(아일 라익ㅋ)이면
'그가 좋아한다'는? (히 라익ㅆ)

함께 고생한 딸
루나에게 감사드립니다

책을 집필할 수 있도록
다하를 봐주신 부모님과
어린이집 선생님들께 감사드립니다

대답할 수 있을 때까지 충분히 기다려주세요.
아이와 함께하는 즐거운 시간에 집중해주세요.

Miklish

²나는 (영어로) 뭐지?

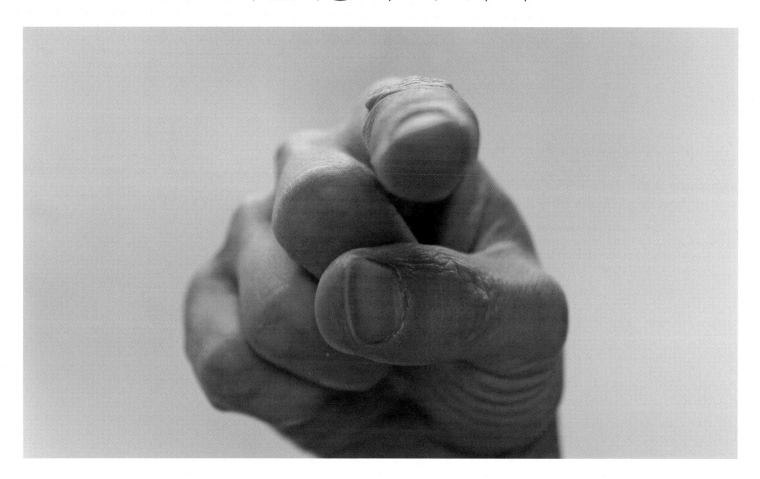

I

나는=I/그는=he 가=gㅏ/카=kㅏ 라=lㅏ/라=rㅏ 다=dㅏ/타=tㅏ 바=bㅏ/파=pㅏ 바=bㅏ/바=vㅏ 파=pㅏ/파=fㅏ

² 그는 (영어로) 뭐지?

he

1 나일 때는 give, 그일 때는 gives (따라 해봐 give, gives)
2 내가 준다가 I give면 그가 준다는? (He gives)

³나는 한 열쇠를 준다는?

'나'와 '너' 외에 다른 '한 명'은, 움직임에 대한 말 뒤에 '즈'나 '스'를 붙여야 해. (자세한 내용은 MP3 강의 참고)

입 안쪽에서 소리 내는 g: 목이 울리는 소리 / k: 목이 울리지 않는 소리

I give a key.

나는=I/그는=he 가=가/카=카 라=라/라=라 다=다/타=타 바=바/파=파 바=바/바=바 파=파/파=파

⁴그는 한 열쇠를 준다는?

입 안쪽에서 소리 내는 g: 목이 울리는 소리 / k: 목이 울리지 않는 소리

He gives a key.

1 나일 때는 like, 그일 때는 likes야. (따라 해봐 like, likes)
2 내가 좋아한다가 I like면 그가 좋아한다는? (He likes)

³나는 빨간색을 좋아해는?

혀를 움직이며 소리 내는 l: '을'에서 시작하는 ㄹ (혀가 입천장에 닿는다) / r: '우'에서 시작하는 ㄹ (혀가 입천장에 닿지 않는다)

I like red

나는=I/그는=he 가=gㅏ/카=kㅏ 라=lㅏ/라=rㅏ 다=dㅏ/타=tㅏ 바=bㅏ/파=pㅏ 바=bㅏ/바=vㅏ 파=pㅏ/파=fㅏ

⁴그는 빨간색을 좋아해는?

혀를 움직이며 소리 내는 l: '올'에서 시작하는 ㄹ (혀가 입천장에 닿는다) / r: '우'에서 시작하는 ㄹ (혀가 입천장에 닿지 않는다)

He likes red.

1 나일 때는 drive, 그일 때는 drives (따라 해봐 drive, drives)
2 내가 운전한다가 I drive면 그가 운전한다는? (He drives)

³ 나는 한 트럭을 운전한다는?

치경(치아 안쪽 잇몸의 딱딱한 부분)에서 소리 내는 d: 목이 울리는 소리 / t: 목이 울리지 않는 소리

I drive a truck.

나는=I/그는=he 가=gㅏ/카=kㅏ 라=ㅣㅏ/라=rㅏ 다=dㅏ/타=tㅏ 바=bㅏ/파=pㅏ 바=bㅏ/바=vㅏ 파=pㅏ/파=fㅏ

그는 한 트럭을 운전한다는?

치경(치아 안쪽 잇몸의 딱딱한 부분)에서 소리 내는 d: 목이 울리는 소리 / t: 목이 울리지 않는 소리

He drives a truck.

1 나일 때는 believe, 그일 때는 believes (따라 해봐 believe, believes)
2 내가 믿는다가 I believe면 그가 믿는다는? (He believes)

³ 나는 사람들을 믿는다는?

입술에서 소리 내는 b: 목이 울리는 소리 / p: 목이 울리지 않는 소리

I believe people.

나는=I/그는=he 가=g ㅏ/카=k ㅏ 라=l ㅏ/라=r ㅏ 다=d ㅏ/타=t ㅏ 바=b ㅏ/파=p ㅏ 바=b ㅏ/바=v ㅏ 파=p ㅏ/파=f ㅏ

⁴그는 사람들을 믿는다는?

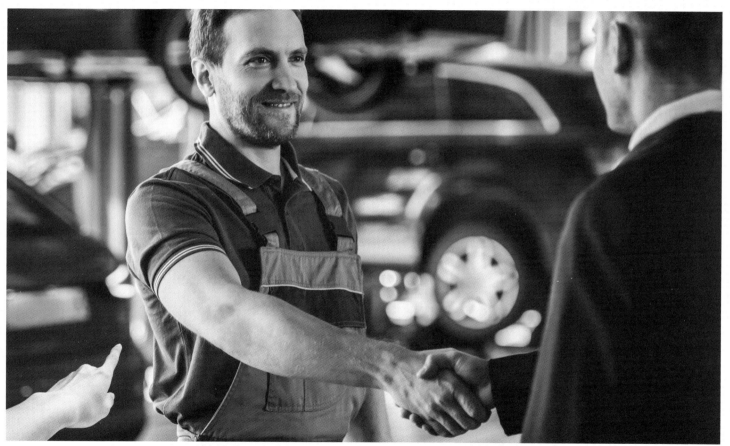

입술에서 소리 내는 b: 목이 울리는 소리 / p: 목이 울리지 않는 소리

He believes people.

1 나일 때는 buy, 그일 때는 buys (따라 해봐 buy, buys)
2 내가 산다가 I buy면 그가 산다는? (He buys)

³나는 한 바이올린을 산다는?

목이 울리는 소리: 입술에서 소리 내는 b / 밑입술과 윗니에서 소리 내는 v

I buy a violin.

나는=I/그는=he 가=g ㅏ/카=k ㅏ 라=ㅏ/라=r ㅏ 다=d ㅏ/타=t ㅏ 바=b ㅏ/파=p ㅏ 바=b ㅏ/바=v ㅏ 파=p ㅏ/파=f ㅏ

⁴그는 한 바이올린을 산다_{는?}

목이 울리는 소리: 입술에서 소리 내는 b / 밑입술과 윗니에서 소리 내는 v

He buys a violin.

1 나일 때는 put, 그일 때는 puts (따라 해봐 put, puts)
2 내가 놓는다가 I put면 그가 놓는다는? (He puts)

³나는 음식을 놓는다는?

내용상은 문장 뒤에 '어디에' 놓는지 나오는 것이 자연스러워.

목이 울리지 않는 소리: 입술에서 소리 내는 p / 밑입술과 윗니에서 소리 내는 f

I put food.

나는=I/그는=he 가=g ㅏ /카=k ㅏ 라=l ㅏ /라=r ㅏ 다=d ㅏ /타=t ㅏ 바=b ㅏ /파=p ㅏ 바=b ㅏ /바=v ㅏ 파=p ㅏ /파=f ㅏ

⁴그는 음식을 놓는다는?

내용상은 문장 뒤에 '어디에' 놓는지 나오는 것이 자연스러워.

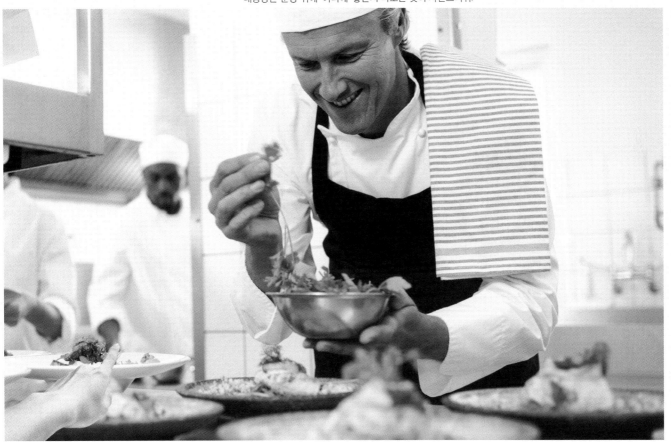

목이 울리지 않는 소리: 입술에서 소리 내는 p / 밑입술과 윗니에서 소리 내는 f

He puts food.

1 나일 때는 feel, 그일 때는 feels (따라 해봐 feel, feels)
2 내가 느낀다가 I feel면 그가 느낀다는? (He feels)

³나는 고통을 느낀다는?

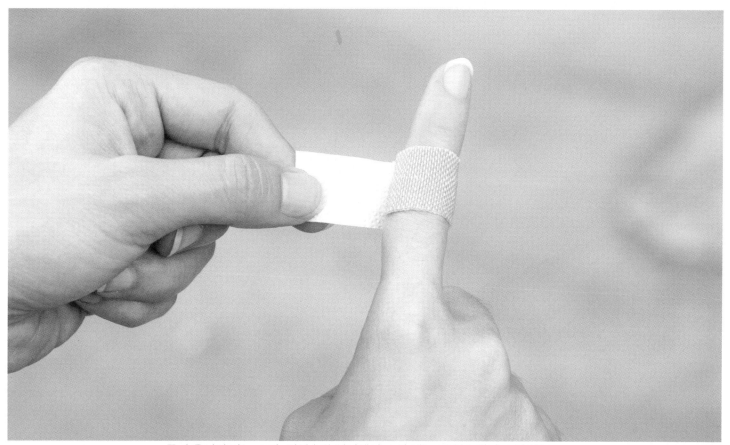

목이 울리지 않는 소리: 밑입술과 윗니에서 소리 내는 f / 입술에서 소리 내는 p

I feel pain.

나는=I/그는=he 가=gㅏ/카=kㅏ 라=ㅣㅏ/라=rㅏ 다=dㅏ/타=tㅏ 바=bㅏ/파=pㅏ 바=bㅏ/바=vㅏ 파=pㅏ/파=fㅏ

⁴그는 고통을 느낀다는?

목이 울리지 않는 소리: 밑입술과 윗니에서 소리 내는 f / 입술에서 소리 내는 p

He feels pain.

1 나일 때는 have, 그일 때는 has (따라 해봐 have, has)
2 내가 가진다가 I have면 그가 가진다는?

³나는 팔들을 가진다는?

have는 특이하게 haves가 아니라 has로 변해.

목 안쪽에서부터 소리 내는 h: 목이 울리지 않는 소리 / a: 목이 울리는 소리

I have arms.

나는=I/그는=he 가=gㅏ/카=kㅏ 라=lㅏ/라=rㅏ 다=dㅏ/타=tㅏ 바=bㅏ/파=pㅏ 바=bㅏ/바=vㅏ 파=pㅏ/파=fㅏ

그는 팔들을 가진다는?

목 안쪽에서부터 소리 내는 h: 목이 울리지 않는 소리 / a: 목이 울리는 소리

He has arms.

파=fㅏ/파=pㅏ   have/has   너는=you/그녀는=she   우리는=we/그들은=they   따=thㅏ   따=thㅏ/따=thㅏ

1.너일 때는 like, 그녀일 때는 likes. (따라 해봐 like, likes)
2.그녀는 영어로 she야. (따라 해봐 she)
3.너는 좋아한다가 You like면 그녀는 좋아한다는? (She likes)

4. 너는 빨간색을 좋아한다는?

You like red.

나는=I/그는=he 가=gㅏ/카=kㅏ 라=lㅑ/라=rㅏ 다=dㅏ/타=tㅏ 바=bㅏ/파=pㅏ 바=bㅏ/바=vㅏ 파=pㅏ/파=fㅏ

She likes red.

1 우리는 we야. (따라 해봐 we)
2 우리는 좋아한다는? (We like)

3 우리는 빨간색을 좋아해는?

We like red.

나는=I/그는=he 가=gㅏ/카=kㅏ 라=lㅏ/라=rㅏ 다=dㅏ/타=tㅏ 바=bㅏ/파=pㅏ 바=bㅏ/바=vㅏ 파=pㅏ/파=fㅏ

1 그들은 they야. (따라 해봐 they)
2 그들은 좋아한다는? (They like)

³그들은 **빨간색을 좋아해**는?

목이 울리는 th: 혀를 살짝 내민 상태에서 혀와 윗니 사이에서 소리 낸다

They like red.

파=f ㅏ /파=p ㅏ   have/has   너는=you/그녀는=she   우리는=we/그들은=they   따=th ㅏ   따=th ㅏ /따=th ㅏ   25

1.나일 때는 thank, 그녀일 때는 thanks. (따라 해봐 thank, thanks)
2.나는 감사한다가 I thank면 그는 감사한다는? (He thanks)

³나는 너에게 감사한다는?

목이 울리지 않는 th: 혀를 살짝 내민 상태에서 혀와 윗니 사이에서 소리 낸다. 발음기호는 θ.

I thank you.

나는=I/그는=he 가=gㅏ/카=kㅏ 라=ㅏ/러=rㅏ 다=dㅕ/타=tㅏ 바=bㅏ/파=pㅏ 바=bㅏ/바=vㅏ 파=pㅏ/퐈=fㅏ

⁴그는 너에게 감사한다_는?

목이 울리지 않는 th: 혀를 살짝 내민 상태에서 혀와 윗니 사이에서 소리 낸다. 발음기호는 θ.

He thanks you.

1.우리는 감사한다는? (We thank)

²우리는 너에게 감사한다는?

목이 울리지 않는 th: 혀를 살짝 내민 상태에서 혀와 윗니 사이에서 소리 낸다. 발음기호는 θ.

We thank you.

나는=I/그는=he 가=g ㅏ/카=k ㅏ 라=ㅏ/라=r ㅏ 다=d ㅏ/타=t ㅏ 바=b ㅏ/파=p ㅏ 바=b ㅏ/바=v ㅏ 파=p ㅏ/파=f ㅏ

² 그들은 너희들에게 감사한다는?

너희들(여러 명)도 you를 사용해.

목이 울리는 th(θ)와 목이 울리지 않는 th(ð): 혀를 살짝 내민 상태에서 혀와 윗니 사이에서 소리 낸다.

They thank you.

부록 빈도순 300단어

원어민 mp3: goo.gl/q2d8ht

1	you	너는, 너를
2	I	나는
3	to	~에게, ~하는 것
4	the	그
5	is	상태나 모습이다
6	it	그것은, 그것을
7	not	~하지 않는다, ~가 아니라
8	that	저, 저것
9	and	그리고
10	do	한다
11	have	가지다
12	are	상태나 모습이다
13	what	무엇은, 무엇을
14	of	~의
15	me	나를
16	how	어떻게, 얼마나
17	know	안다
18	in	~안에
19	go	가다
20	this	이, 이것
21	get	생기다
22	no	누구도 ~하지 않는다
23	for	~을 위해
24	we	우리는
25	he	그는
26	my	나의
27	was	상태나 모습이었다
28	just	단지, 막
29	will	~할 것이다
30	be	상태나 모습이다
31	on	~에 접촉해서
32	your	너의
33	with	~과 함께
34	so	그래서, 아주
35	but	그러나
36	she	그녀는
37	all	모든
38	well	잘, 글쎄
39	think	생각하다
40	want	원하다
41	about	~에 대하여
42	right	옳은, 오른쪽
43	did	~했다
44	would	~하려한다
45	here	여기
46	out	밖에
47	there	거기
48	like	좋아한다
49	if	~한다면
50	her	그녀의, 그녀를
51	okay	괜찮은
52	can	~할 수 있다
53	come	오다
54	him	그를
55	say	말하다
56	up	위 쪽으로
57	now	지금
58	they	그들은
59	tell	말하다
60	see	보(이)다
61	at	~의 지점에서
62	look	눈을 향하다
63	one	어떤 한 사람, 어떤 한 물건
64	make	만들다
65	really	정말로
66	why	왜
67	head	머리
68	us	우리를
69	take	가져가다
70	mean	의미하다
71	home	집
72	good	좋은
73	time	시간
74	help	돕다
75	could	~할 수도 있다
76	as	~할 때, ~로서
77	let	허락하다
78	who	누구
79	when	~할 때
80	love	사랑하다
81	thing	~것
82	back	뒤로
83	were	상태나 모습이었다
84	can't	~할 수 없다
85	from	~로 부터
86	something	어떤 것
87	need	필요하다
88	his	그의
89	been	상태나 모습이다
90	some	약간
91	or	또는
92	because	~하기 때문에
93	great	대단한
94	talk	말하다
95	heart	마음, 심장
96	then	그리고 나서
97	way	방법, 길
98	thank	감사하다
99	an	한
100	give	주다
101	little	약간
102	does	한다
103	them	그들을, 그것들을
104	where	어디(에서)
105	gonna	(당연히) ~할 것이다
106	never	절대 ~하지 않는다
107	too	너무
108	man	남성, 사람
109	kill	죽이다
110	feel	느끼다
111	guy	사내
112	should	~해야 한다
113	hear	들리다
114	our	우리의
115	call	부르다, 전화하다
116	find	찾다
117	try	시도하다, 노력하다
118	sure	확신하는
119	more	더 많은, 더 많이
120	over	~위에
121	sorry	미안한
122	happen	발생하다
123	guess	추측하다
124	work	일하다
125	am	상태나 모습이다
126	maybe	아마도
127	down	아래쪽으로
128	very	아주
129	hope	소망하다
130	by	~에 의해
131	life	생명, 삶
132	anything	어떤 것
133	wait	기다리다
134	much	많은, 많이
135	any	어떤
136	even	심지어
137	off	~에 떨어져서
138	please	부탁합니다
139	door	문
140	only	오직
141	high	높은, 높이
142	two	두개인
143	day	날
144	people	사람들
145	god	신
146	keep	유지하다
147	show	보여주다
148	nothing	아무것도 아니다
149	still	여전히
150	believe	믿다